柳　宗　元

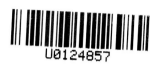

描品汇
Writing and Appreciating

选　　注：王　荣
丛书策划：熊　晶
责任编辑：熊　晶
封面设计：万　杨
版式设计：左岸工作室
技术编辑：李国新

图书在版编目（CIP）数据

柳宗元 / 田英章主编；田雪松编著.
—武汉：湖北美术出版社，2017.11
（田英章田雪松硬笔行楷描临本·古今词文）
ISBN 978-7-5394-9194-3
Ⅰ.①柳…
Ⅱ.①田…②田…
Ⅲ.①硬笔字－行楷－法帖
Ⅳ.①J292.12
中国版本图书馆CIP数据核字(2017)第237127号

出版发行：长江出版传媒　湖北美术出版社
地　　址：武汉市洪山区雄楚大街268号B座
电　　话：(027)87679525（发行）87679541（编辑）
传　　真：(027)87679523
邮政编码：430070
印　　刷：武汉安捷印刷有限公司
开　　本：889mm×1194mm　1/24
印　　张：3
版　　次：2017年11月第1版
　　　　　2018年5月第2次印刷
定　　价：15.00元

古今词文

田英章 主编　田雪松 编著

田英章田雪松硬笔行楷描临本

长江出版传媒　湖北美术出版社　描品汇

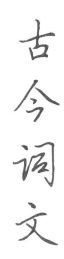

目录

篁竹：成林的竹子。
佩环：古人系在衣带上的玉器。
清冽：清澈寒冷。
卷石底以出：石底向上翻卷露出水面。
坻：水中高地。
屿：小岛。
嵁：不平的山岩。
岩：高大的石头。
蒙络摇缀：树的枝叶交结在一起，相互缠绕，紧密连缀，轻轻摇曳。
佁然：静止的样子。
翕忽：轻快迅捷的样子。

小石潭记

从小丘西行百二十
步 隔 篁竹 闻水声 如
鸣 珮环 心乐之 伐竹
取道 下见小潭 水尤
清冽 全石以为底 近
岸 卷石底以出 为坻
为屿 为嵁 为岩 青树
翠蔓 蒙络摇缀 参差披
拂
潭中鱼可百许头 皆
若空游无所依 日光下
澈 影布石上 佁然 不
动 俶尔远逝 往来 翕

斗折蛇行：曲曲折折的样子像北斗七星，又像长蛇在爬行。

差互：错落不齐。

悄怆：忧愁悲伤。

隶：依附。

忽 似与游者相乐

潭西南而望 斗折蛇

行 明灭可见 其岸势犬

牙 差互 不可知其源

坐潭上 四面竹树环

合 寂寥无人 凄神寒骨

悄怆 幽邃 以其境过

清 不可久居 乃记之而

去

同游者 吴武陵 龚

古 余弟宗玄 隶而从

者 崔氏二小生 曰恕

己 曰奉壹

小石潭记

从小丘西行百二十步，隔篁竹，闻水声，如鸣珮环，心乐之。伐竹取道，下见小潭，水尤清冽。全石以为底，近岸，卷石底以出，为坻，为屿，为嵁，为岩。青树翠蔓，蒙络摇缀，参差披拂。

潭中鱼可百许头，皆若空游无所依。日光下澈，影布石上，佁然不动；俶尔远逝，往来翕忽，似与游者相乐。

潭西南而望，斗折蛇行，明灭可见。其岸势犬牙差互，不可知其源。

坐潭上，四面竹树环

合 寂寥无人 凄神寒
骨 悄怆幽邃 以其境过
清 不可久居 乃记之而
去
同游者 吴武陵 龚
古 余弟宗玄 隶而从
者 崔氏二小生 曰恕
己 曰奉壹

渴：指袁家渴。
乍：忽然。
倍尺：二尺。
逾：越过。
泓：深潭。
被：通「披」，覆盖。
堕：落，流。
纡余：曲折伸延。
卒：最终。

石渠记

自渴西南行不能百
步得石渠民桥其上
有泉幽幽然其鸣乍大
乍细渠之广或咫尺
或倍尺其长可十许步
其流抵大石伏出其下
逾石而往有石泓昌蒲
被之青藓环周又折西
行旁陷岩石下北堕小
潭潭幅员减百尺清深
多鲦鱼又北曲行纡余
睨若无穷然卒入于渴
其侧皆诡石怪木奇卉

篃：小竹。

庥：通「休」，休息。

酾：分流，疏导。

蠲：通「涓」，清洁。

篃　庥

酾

蠲

石渠记

自渴西南行不能百步，得石渠，民桥其上。有泉幽幽然，其鸣乍大乍细。渠之广，或咫尺，或倍尺，其长可十许步。其流抵大石，伏出其下。逾石而往，有石泓，昌蒲被之，青鲜环周。又折西行，旁陷岩石下，北堕小潭。潭幅员减百尺，清深多鯈鱼。又北曲行纡余，睨若无穷，然卒入于渴。其侧皆诡石怪木，奇卉美箭，可列坐而庥焉。风摇其巅，韵动崖谷。视之既静，其听始远。

予从州牧得之，揽去翳朽，决疏土石，既崇而

焚既酾而盈。惜其未
始有传焉者，故累记其
所属，遗之其人，书之其
阳，俾后好事者求之得
以易。
　　元和七年正月八日，
蠲渠至大石。十月十九
日，逾石得石泓小潭。渠
之美于是始穷也。

横当其垠：横着挡在路的尽头。
睥睨：城墙上如齿状的矮墙。
梁欐：指架支着的梁栋。
堡坞：指由山石天然形成的『小城堡』。
洞然：深深的样子。
箭：指竹子。

小石城山记

自西山道口径北逾
黄茅岭而下有二道其
一西出寻之无所得其
一少北而东不过四十
丈土断而川分有积石
横当其垠其上为睥睨
梁欐之形其旁出堡坞
有若门焉窥之正黑投
以小石洞然有水声其
响之激越良久乃已环
之可上望甚远无土壤
而生嘉树美箭益奇而
坚其疏数偃仰类智者

神者：指神奇性。

所游从也

噫！吾疑造物者之有

无久矣。及是，愈以为

诚有。又怪其不为之中

州，而列是夷狄，更千百

年不得一售其伎，是固

劳而无用。神者傥不宜

如是，则其果无乎？或

曰：以慰夫贤而辱于此

者。或曰：其气之灵

不为伟人，而独为是物，

故楚之南少人而多石。

是二者，余未信之。

小石城山记

自西山道口径北，逾黄茅岭而下，有二道：其一西出，寻之无所得；其一少北而东，不过四十丈，土断而川分，有积石横当其垠。其上为睥睨梁欐之形，其旁出堡坞，有若门焉。窥之正黑，投以小石，洞然有水声，其响之激越，良久乃已。环之可上，望甚远。无土壤而生嘉树美箭，益奇而坚，其疏数偃仰，类智者所施设也。

噫！吾疑造物者之有无久矣。及是，愈以为诚有。又怪其不为之中州，而列是夷狄，更千百

年不得一售其技，是固
劳而无用，神者傥不宜
如是，则其果无乎？或
曰：以慰夫贤而辱于此
者。或曰：其气之灵，
不为伟人，而独为是物，
故楚之南少人而多石。
是二者，余未信之。

僇人：蒙受耻辱的人。
恒惴栗：经常处于提心吊胆、忧惧不安中。
隙：空闲的时间。
日与其徒：每天与我的伙伴。
穷回溪：沿着曲折的溪水走到尽头。

始得西山宴游记

自余为僇人居是
州恒惴栗其隙也则
施施而行漫漫而游日
与其徒上高山入深林穷
回溪幽泉怪石无远
不到到则披草而坐倾
壶而醉醉则更相枕以
卧卧而梦意有所极梦
亦同趣觉而起起而
归以为凡是州之山水
有异态者皆我有也而
未始知西山之怪特
今年九月二十八日

始指异之：才指着西山，感到它的奇异。

榛莽：芜杂丛生的草木。

茅茷：茂盛的茅草。

箕踞：形同簸箕似的坐着。

衽席：卧席。

岈然：高耸的样子。

莫得其涯：无法寻索到它的边际。

因坐法华西亭 望西山

始指异之 遂命仆人过

湘江 缘染溪 斫榛莽

焚茅茷 穷山之高而止

攀援而登 箕踞而遨

则凡数州之土壤 皆在

衽席之下 其高下之势

岈然洼然 若垤若穴 尺

寸千里 攒蹙累积 莫得

遁隐 萦青缭白 外与天

际 四望如一 然后知是

山之特立 不与培塿为

类 悠悠乎与颢气俱 而

莫得其涯 洋洋乎与造

物者游 而不知其所穷

释：消散。
冥合：暗合。

引觞满酌，颓然就醉，不知日之入，苍然暮色，自远而至，至无所见，而犹不欲归，心凝形释，与万化冥合。然后知吾向之未始游，游于是乎始。故为之文以志。

是岁，元和四年也。

始得西山宴游记

自余为僇人，居是州，恒惴栗。其隙也，则施施而行，漫漫而游。日与其徒上高山，入深林

穷回溪幽泉怪石无远
不到到则披草而坐倾
壶而醉醉则更相枕以
卧卧而梦意有所极
梦亦同趣觉而起起而
归以为凡是州之山水
有异态者皆我有也而
未始知西山之怪特
今年九月二十八日
因坐法华西亭望西山
始指异之遂命仆人过
湘江缘染溪斫榛莽焚
茅茷穷山之高而止攀
援而登箕踞而遨则
凡数州之土壤皆在
衽席之下其高下之势
岈然洼然若垤若穴尺
寸千里攒蹙累积莫得
遁隐萦青缭白外与天
际四望如一然后知是

山之特立，不与培塿为
类。悠悠乎与颢气俱，而
莫得其涯；洋洋乎与造
物者游，而不知其所穷。
引觞满酌，颓然就醉，不
知日之入。苍然暮色，自
远而至，至无所见，而犹
不欲归。心凝形释，与万
化冥合。然后知吾向之
未始游，游于是乎始。故
为之文以志。
是岁，元和四年也。

钴鉧：熨斗。
抵：碰到。
颠：顶部，这里指冉水上游的地势。
委：末尾，这里指冉水下游的地势。
啮其涯：指冉水向周边交界地带冲击、侵蚀、吞噬，扩大着潭的面积。
亟：多次。
款门：敲门。
芟：除草。

钴鉧潭记

钴鉧潭在西山西。
其始盖冉水自南奔注，
抵山石，屈折东流；其颠
委势峻，荡击益暴，啮其
涯，故旁广而中深，毕至
石乃止。流沫成轮，然后
徐行。其清而平者且十
亩，有树环焉，有泉悬
焉。
其上有居者，以予之
亟游也，一旦款门来告
曰：不胜官租私券之
委积，既芟山而更居，愿

崇：指加高。
行：引导。
潨然：流水的声音。
非兹潭也欤：不是这钴鉧潭么？

以潭上田贸财以缓祸。
予乐而如其言，则崇
其台，延其槛，行其泉于
高者而坠之潭，有声潨
然。尤与中秋观月为宜，
于以见天之高，气之迥。
孰使予乐居夷而忘故土
者，非兹潭也欤？

钴鉧潭记

钴鉧潭，在西山西。
其始盖冉水自南奔注，
抵山石，屈折东流；其颠
委势峻，荡击益暴，啮其

涯，故旁广而中深，毕至石乃止。流沫成轮，然后徐行。其清而平者且十亩，有树环焉，有泉悬焉。

其上有居者，以予之亟游也，一旦款门来告曰：“不胜官租、私券之委积，既芟山而更居，愿以潭上田贸财以缓祸。”

予乐而如其言。则崇其台，延其槛，行其泉于高者而坠之潭，有声潨然。尤与中秋观月为宜，于以见天之高，气之迥。孰使予乐居夷而忘故土者，非兹潭也欤？

得：得到，这里指『发现』。
寻：沿着。
浚：深。
鱼梁：阻水的堰。
突怒偃蹇：凸起、高耸的样子。
嵚然：倾倚的样子。
相累：相互挤压，重叠堆积。
冲然：向前突起的样子。
角列：超出行列。

钴鉧潭西小丘记

得西山后八日 寻山
口西北道二百步 又得
钴鉧潭 潭西二十五步
当湍而浚者为鱼梁 梁
之上有丘焉 生竹树 其
石之突怒偃蹇 负土而
出 争为奇状者 殆不可
数 其嵚然相累而下者
若牛马之饮于溪 其冲
然角列而上者 若熊罴
之登于山 丘之小不能
一亩 可以笼而有之 问
其主 曰 唐氏之弃地

货而不售：想卖掉却卖不出去。

恶木：杂乱丛生无价值的树。

回巧献技：炫耀美妙的姿态，显露高超的技艺。

效：呈现。

瀯瀯：水流动的声音。

悠然：深远的样子。

不匝旬：不满十天。

货而不售

恶木

回巧献技

效

瀯瀯　悠然

不匝旬

贾：贩卖。

是其果有遭乎：这小丘大概真的交好运了吧！

遭：同上「遭」含义相同，意为「好运」。

贾

是其果有遭乎

遭

口西北道二百步又得

钴鉧潭潭西二十五步

当湍而浚者为鱼梁梁

之上有丘焉生竹树其

石之突怒偃蹇负土而

出争为奇状者殆不可

数其嵚然相累而下者

若牛马之饮于溪其冲

然角列而上者若熊罴

之登于山丘之小不能

一亩可以笼而有之问

其主曰唐氏之弃地

货而不售问其价曰

止四百余怜而售之

李深源元克己时同游

皆大喜出自意外即更

取器用铲刈秽草伐去

恶木烈火而焚之嘉木

立美竹露奇石显由

其中以望则山之高云

之浮，溪之流，鸟兽之遨游，举熙熙然回巧献技，以效兹丘之下。枕席而卧，则清泠之状与目谋，瀯瀯之声与耳谋，悠然而虚者与神谋，渊然而静者与心谋。不匝旬而得异地者二，虽古好事之士，或未能至焉。

噫！以兹丘之胜，致之沣、镐、鄠、杜，则贵游之士争买者，日增千金而愈不可得。今弃是州也，农夫渔父过而陋之，贾四百，连岁不能售。而我与深源、克己独喜得之，是其果有遭乎！书于石，所以贺兹丘之遭也。

穷：完成。
阴：指土山的北坡。
亘石：接连不断的石头。
若限阃奥：有的像用门槛隔开的正屋与内室。
文：同『纹』。
揭跣：拎着衣服光着脚。
交络：交织。

石涧记

石渠之事既穷 上由
桥西北下土山之阴 民
又桥焉 其水之大 倍石
渠三之一 亘石为底
达于两涯 若床若堂
若陈筵席 若限阃奥 水
平布其上 流若织文 响
若操琴 揭跣而往 折竹
箭 扫陈叶 排腐木 可
罗胡床十八九居之 交
络之流 触激之音 皆在
床下 翠羽之木 龙鳞之
石 均荫其上 古之人其

践履：足迹。
穷：尽头。

践履

穷

焉其水之大倍石渠三
之一亘石为底达于两
涯若床若堂若陈筵席
若限阃奥水平布其上
流若织文响若操琴揭
跣而往折竹箭扫陈叶
排腐木可罗胡床十八九
居之交络之流触激之
音皆在床下翠羽之木
龙鳞之石均荫其上古
之人其有乐乎此耶后之
来者有能追予之践履耶
得之日与石渠同
由渴而来者先石
渠后石涧由百家濑上
而来者先石涧后石
渠涧之可穷者皆出石
城村东南其间可乐者
数焉其上深山幽林逾
峭险道狭不可穷也

合：相邻。

重洲：重叠的水中沙洲。

间厕：交错，错杂。

袁家渴记

由冉溪西南水行十里，山水之可取者五，莫若钴鉧潭。由溪口而西，陆行，可取者八九，莫若西山。由朝阳岩东南水行，至芜江，可取者三，莫若袁家渴。皆永中幽丽奇处也。

楚越之间方言，谓水之反流者为渴。渴上与南馆高嶂合，下与百家濑合。其中重洲小溪，澄潭浅渚，间厕曲折，平

轇轕：即胶葛，交错缠绕的样子。
掩苒：野草轻柔地随风倒斜的样子。
蓊薆：草木茂盛的样子。
冲涛旋濑：冲起波涛旋着水涡。
退贮溪谷：倒流到溪谷中去。
摇扬葳蕤：摇动着茂密的花草。

轇轕

掩苒

蓊薆　冲涛

旋濑 退贮溪谷 摇扬葳

蕤

永之人未尝游焉余
得之不敢专也出而传
于世其地主袁氏故以
名焉

石渠记

自渴西南行不能百
步得石渠民桥其上有
泉幽幽然其鸣乍大乍
细渠之广或咫尺或倍
尺其长可十许步其流
抵大石伏出其下逾石
而往有石泓昌蒲被之
青鲜环周

又折西行旁陷岩石
下北堕小潭潭幅员减
百尺清深多鲦鱼又北
曲行纡余睨若无穷然
卒入于渴其侧皆诡石

者深黑，峻者沸白。舟行若穷，忽又无际。

有小山出水中，皆美石，上生青丛，冬夏常蔚然。其旁多岩洞，其下多白砾，其树多枫、柟、石楠、楩、槠、樟、柚，草则兰芷。又有异卉，类合欢而蔓生，轇轕水石。

每风自四山而下，振动大木，掩苒众草，纷红骇绿，蓊葧香气，冲涛旋濑，退贮溪谷，摇扬葳蕤，与时推移。其大都如此，余无以穷其状。

永之人未尝游焉，余得之，不敢专也，出而传于世。其地主袁氏，故以名焉。

章：花纹。
御：抵御、控制，这里指医治。
已：止，这里是治疗的意思。
岁赋其二：每年征收两次租税。
当其租入：顶替他应交的租税。

捕蛇者说

永州之野产异蛇，黑
质而白章，触草木尽死，
以啮人，无御之者。然得
而腊之以为饵，可以已
大风、挛踠、瘘疠，去死
肌，杀三虫。其始太医以
王命聚之，岁赋其二，募
有能捕之者，当其租入。
永之人争奔走焉。
有蒋氏者，专其利三
世矣。问之，则曰：“吾祖
死于是，吾父死于是。
今吾嗣为之十二年，几

毒：怨恨，痛恨。
哀：怜悯，同情。
向：假使，假如。
病：困苦。
乡邻之生日蹙：邻里乡亲的生活一天比一天困苦。
殚：竭尽。
号呼：大声哭喊。

毒

哀

向

病

乡邻之生日蹙 殚

号呼

曩：以往，从前。
叫嚣乎东西：从东到西放声吼叫。
隳突乎南北：从南到北大肆破坏。
恂恂：紧张担心的样子。
退而甘食其土之有：献蛇归来，便甜美地吃上那田地里的物产。
以尽吾齿：用此来度完我的一生。
盖一岁之犯死者二焉：在一年中冒死亡的危险只有两次。二，两次，与『岁赋其二』对应。

曩

叫

嚣乎东西　隳突乎南北

恂恂

退而甘食其土之有

以尽吾齿　盖一岁之犯

安敢毒耶：哪里敢怨恨呢？
以俟夫观人风者得焉：以便等候视察民情的官吏得到它。

死者二焉其余则熙熙
而乐岂若吾乡邻之旦
旦有是哉今虽死乎此
比吾乡邻之死则已后
矣又安敢毒耶
余闻而愈悲孔子
曰苛政猛于虎也吾
尝疑乎是今以蒋氏观
之犹信呜呼孰知赋
敛之毒有甚是蛇者乎
故为之说以俟夫观人
风者得焉

捕蛇者说

永州之野产异蛇，黑质而白章，触草木尽死，以啮人，无御之者。然得而腊之以为饵，可以已大风、挛踠、瘘、疠，去死肌，杀三虫。其始太医以王命聚之，岁赋其二。募有能捕之者，当其租入。永之人争奔走焉。

有蒋氏者，专其利三世矣。问之，则曰：“吾祖死于是，吾父死于是，今吾嗣为之十二年，几死者数矣。”言之，貌若甚戚者。余悲之，且曰：“若毒之乎？余将告于莅事者，更若役，复若赋，则何如？”蒋氏大戚，汪

然出涕曰君将哀而
生之乎则吾斯役之不
幸未若复吾赋不幸之
甚也向吾不为斯役则
久已病矣自吾氏三世
居是乡积于今六十岁
矣而乡邻之生日蹙殚
其地之出竭其庐之入
号呼而转徙饥渴而顿
踣触风雨犯寒暑呼
嘘毒疠往往而死者相
藉也曩与吾祖居者今
其室十无一焉与吾父
居者今其室十无二三
焉与吾居十二年者
今其室十无四五焉非
死则徙尔而吾以捕蛇
独存悍吏之来吾乡叫
嚣乎东西隳突乎南北
哗然而骇者虽鸡狗不

得宁焉。吾恂恂而起，视
其缶，而吾蛇尚存，则弛
然而卧。谨食之，时而献
焉。退而甘食其土之有，
以尽吾齿。盖一岁之犯
死者二焉，其余则熙熙
而乐，岂若吾乡邻之旦
旦有是哉！今虽死乎此，
比吾乡邻之死则已后
矣，又安敢毒耶？”
余闻而愈悲。孔子
曰：“苛政猛于虎也。”吾
尝疑乎是，今以蒋氏观
之，犹信。呜呼！孰知赋
敛之毒有甚是蛇者乎！
故为之说，以俟夫观人
风者得焉。

天之说：有关天的说法。
今夫：提示要发议论。
极戾：极端地违背情理。
蓏：瓜类植物的果实。
逆：反向流动。
壅底：堵塞。

天说

韩愈谓柳子曰：若
知天之说乎？吾为子言
天之说 今夫人有疾痛、
倦辱、饥寒甚者，因仰
而呼天曰：残民者昌，
佑民者殃！又仰而呼
天曰：何为使至此极戾
也？若是者，举不能知
天。夫果蓏，饮食既坏，
虫生之；人之血气败逆
壅底，为痈疡、疣赘、瘘
痔，虫生之；木朽而蝎
中，草腐而萤飞，是岂不

益坏：更加败坏。
攻穴：钻进去作穴。
祸物：祸害物。
窾墓：挖掘墓穴。
偃溲：用以便溺的污水池。
垣：矮墙。
郭：外城。
川渎：大小河道。
沟洫：沟渠。
陂池：池塘。
燧木：钻木取火。
燔：焚烧。
悴然：伤感的样子。

以坏而后出耶？物坏，虫
由之生；元气阴阳之坏，
人由之生。虫之生而物
益坏，食啮之，攻穴之，
虫之祸物也滋甚。其有
能去之者，有功于物者
也；繁而息之者，物之
仇也。人之坏元气阴阳
也亦滋甚：垦原田，伐山
林，凿泉以井饮，窾墓以
送死，而又穴为偃溲，
筑为墙垣、城郭、台榭
观游，疏为川渎、沟洫
陂池，燧木以燔，革金以
镕，陶甄琢磨，悴然使天

不得其情：不能尽其本性。

倖倖：忿恨的样子。

冲冲：激怒的样子。

怨：埋怨，责备。

天闻：天听到。

不得其情 倖倖

冲冲

怨

天闻

蕃：通「繁」，繁殖。

乌：哪里。

蕃

乌

欲望：企望。
子之仁义：你的仁义之说。
游：畅游。
得丧：得失。

大谬。呼而怨，欲望其哀，
且仁者，愈大谬矣。子而
信子之仁义以游其内，
生而死尔，乌置存亡得
丧于果蓏、痈痔、草木
耶？

天说

韩愈谓柳子曰：若
知天之说乎？吾为子言
天之说。今夫人有疾痛、
倦辱、饥寒甚者，因仰
而呼天曰："残民者昌，
佑民者殃！"又仰而呼

天曰，何为使至此极戾
也？若是者，举不能知
天。夫果蓏，饮食既坏，
虫生之；人之血气败逆
壅底，为痈疡、疣赘、瘘
痔，虫生之；木朽而蝎
中，草腐而萤飞，是岂不
以坏而后出耶？物坏，虫
由之生；元气阴阳之坏，
人由之生。虫之生而物
益坏，食啮之，攻穴之，
虫之祸物也滋甚。其有
能去之者，有功于物者
也；繁而息之者，物之
仇也。人之坏元气阴阳
也亦滋甚：垦原田，伐山
林，凿泉以井饮，窾墓以
送死，而又穴为偃溲，
筑为墙垣、城郭、台榭、
观游，疏为川渎、沟洫

陂池，燧木以燔，革金以
镕，陶甄琢磨，悴然使天
地万物不得其情，倖倖
冲冲，攻残败挠而未
尝息。其为祸元气阴阳
也，不甚于虫之所为乎？
吾意有能残斯人使日薄
岁削，祸元气阴阳者滋
少，是则有功于天地者
也；繁而息之者，天地之
仇也。今夫人举不能知
天，故为是呼且怨也。吾
意天闻其呼且怨，则有
功者受赏必大矣，其祸
焉者受罚亦大矣。子以
吾言为何如……

柳子曰：子诚有激
而为是耶？则信辩且美
矣。吾能终其说。彼上而
玄者，世谓之天；下而黄

者，世谓之地；浑然而中处者，世谓之元气；寒而暑者，世谓之阴阳。是虽大，无异果蓏、痈痔、草木也。假而有能去其攻穴者，是物也，其能有报乎？蕃而息之者，其能有怒乎？天地，大果蓏也；元气，大痈痔也；阴阳，大草木也。其乌能赏功而罚祸乎？功者自功，祸者自祸，欲望其赏罚者大谬；呼而怨，欲望其哀且仁者，愈大谬矣。子而信子之仁义以游其内，生而死尔，乌置存亡得丧于果蓏、痈痔、草木耶？

恒：经常，永久。

推：推究，推求。

乘物以逞：凭借外界条件来放纵自己，争强好胜。

干：求取。

出技以怒强，窃时以肆暴：使出本领来惹怒强敌，盗得时机便放肆地干坏事。

迨：等到，及。

三戒

吾恒恶世之人，不知

推己之本而乘物以逞

或依势以干非其类，出

技以怒强，窃时以肆暴

然卒迨于祸。有客谈麋

驴鼠三物，似其事，作

三戒。

三戒

吾恒恶世之人，不知

推己之本而乘物以逞

或依势以干非其类，出

畋：打猎。
示：让……看。
稍：逐渐，慢慢地。
良：的确，真的。
抵触：顶撞。
偃仆：翻来滚去。
狎：亲近。
俯仰：低头和抬头，这里指敷衍、周旋。
啖：舔。

临江之麋

临江之人畋得麋麑
畜之入门群犬垂涎
扬尾皆来其人怒怛
之自是日抱就犬习示
之使勿动稍使与之
戏积久犬皆如人意
麋麑稍大忘己之麋也
以为犬良我友抵触偃
仆益狎犬畏主人与
之俯仰甚善然时啖其
舌
三年麋出门见外
犬在道甚众走欲与为

狼藉：杂乱不堪。

狼藉

戏，外犬见而喜且怒，共
杀食之，狼藉道上。麋至
死不悟。

临江之麋

临江之人畋，得麋麑，
畜之。入门，群犬垂涎，
扬尾皆来。其人怒，怛
之。自是日抱就犬，习示
之，使勿动，稍使与之
戏。积久，犬皆如人意。
麋麑稍大，忘己之麋也，
以为犬良我友，抵触偃
仆，益狎。犬畏主人，与

之俯仰甚善，然时啖其
舌。
三年，麋出门，见外
犬在道甚众，走欲与为
戏。外犬见而喜且怒，共
杀食之，狼藉道上。麋至
死不悟。

好事者：喜欢多事的人。
慭慭然：小心谨慎的样子。
莫相知：不知道它是什么东西。
远遁：跑得远远的。
且：将要。
噬：咬住。
益：渐渐地。
狎：态度亲近而不庄重。
荡倚冲冒：形容虎对驴轻侮戏弄的样子。

黔之驴

黔无驴 有好事者船
载以入 至则无可用 放
之山下 虎见之 庞然大
物也 以为神 蔽林间窥
之 稍出近之 慭慭然
莫相知
他日 驴一鸣 虎大
骇 远遁 以为且噬己
也 甚恐 然往来视之
觉无异能者 益习其声
又近出前后 终不敢
搏 稍近 益狎 荡倚冲
冒 驴不胜怒 蹄之 虎

技止此耳：本领不过就这样罢了。

跳踉：跳跃。

㘎：老虎发怒咆哮。

因喜，计之曰：技止此耳！因跳踉大㘎，断其喉，尽其肉，乃去。

噫！形之庞也类有德，声之宏也类有能，向不出其技，虎虽猛，疑畏，卒不敢取；今若是焉，悲夫！

黔之驴

黔无驴，有好事者船载以入。至则无可用，放之山下。虎见之，庞然大物也，以为神，蔽林间窥之，稍出近之，慭慭然，莫相知。

他日，驴一鸣，虎大骇，远遁，以为且噬己也，甚恐。然往来视之，觉无异能者；益习其声，又近出前后，终不敢搏。稍近，益狎，荡倚冲冒。驴不胜怒，蹄之。虎因喜，计之曰："技止此耳！"因跳踉大㘎，断其喉，尽其肉，乃去。

噫！形之庞也类有德，声之宏也类有能，向不出其技，虎虽猛，疑畏，卒不敢取；今若是焉，悲夫！

畏日：害怕触犯忌日。

拘忌异甚：拘束禁忌特别厉害。

僮：奴仆，指未成年男孩。

恣：放纵，无拘束。

椸：衣服架。

大率：大致，大概。

累累：一个接着一个。

啮：咬。

永某氏之鼠

永有某氏者，畏日，
拘忌异甚，以为己生岁
直子，鼠，子神也，因爱
鼠，不畜猫犬，禁僮勿击
鼠。仓廪庖厨，悉以恣
鼠，不问。由是鼠相告，
皆来某氏，饱食而无祸。
某氏室无完器，椸无完
衣，饮食大率鼠之余也。
昼累累与人兼行，夜则
窃啮斗暴，其声万状，不
可以寝，终不厌。
数岁，某氏徙居他

假：借。
彼：指老鼠。

州，后人来居，鼠为态如
故。其人曰："是阴类恶
物也，盗暴尤甚。且何以
至是乎哉？"假五六猫，
阖门撤瓦灌穴，购僮罗
捕之，杀鼠如丘，弃之隐
处，臭数月乃已。
呜呼！彼以其饱食无
祸为可恒也哉！

永某氏之鼠

永有某氏者，畏日，
拘忌异甚。以为己生岁
值子，鼠，子神也，因爱

鼠，不畜猫犬，禁僮勿击
鼠。仓廪庖厨，悉以恣
鼠，不问。由是鼠相告，
皆来某氏，饱食而无祸。
某氏室无完器，椸无完
衣，饮食大率鼠之余也。
昼累累与人兼行，夜则
窃啮斗暴，其声万状，不
可以寝，终不厌。
　数岁，某氏徙居他
州。后人来居，鼠为态如
故。其人曰：“是阴类恶
物也，盗暴尤甚，且何以
至是乎哉？”假五六猫，
阖门撤瓦灌穴，购僮罗
捕之，杀鼠如丘，弃之隐
处，臭数月乃已。
　呜呼！彼以其饱食无
祸为可恒也哉！

永之氓咸善游：永州的百姓都擅长游泳。

不能寻常：指达不到平时游泳的水平。

有顷：过了一会儿。

益怠：更加疲乏。

蔽：愚昧。

永之氓咸善游

不能寻常

有顷 益

怠

蔽

得不有大货之溺大氓者乎：难道不会有大利淹死大人物的事情吗？

之，且若是，得不有大货
之溺大氓者乎？于是作
《哀溺》。

哀溺文序（节选）

永之氓咸善游。一
日，水暴甚，有五六氓乘
小船绝湘水。中济，船
破，皆游。其一氓尽力而
不能寻常。其侣曰：汝
善游最也，今何后为？
曰：吾腰千钱，重，是
以后。曰：何不去之？
不应，摇其首。有顷，益

怠。已济者立岸上呼且号曰：汝愚之甚，蔽之甚，身且死，何以货为？又摇其首，遂溺死。吾哀之。且若是，得不有大货之溺大氏者乎？于是作《哀溺》。

万径：虚指，指千万条路。

江雪

千山鸟飞绝，万径人踪灭。孤舟蓑笠翁，独钓寒江雪。

江雪

千山鸟飞绝，万径人踪灭。孤舟蓑笠翁，独钓寒江雪。

须臾：一会儿。
殊：不一样。
幽晦：昏暗不明。
函：包含。
晏温：天气晴朗暖和。
清阴：指草木。
竟夕：整夜。
偃卧：仰卧。
此道：指饮酒之乐。

饮酒

今夕少愉乐，起坐开清樽。举觞酹先酒，为我驱忧烦。
须臾心自殊，顿觉天地暄。连山变幽晦，绿水函晏温。
蔼蔼南郭门，树木一何繁。清阴可自庇，竟夕闻佳言。
尽醉无复辞，偃卧有芳荪。彼哉晋楚富，此道未必存。

饮酒

今夕少愉乐，起坐开清樽。举觞酹先酒，为我驱忧烦。

须臾心自殊，顿觉天地暄。连山变幽晦，绿水函晏温。

蔼蔼南郭门，树木一何繁。清阴可自庇，竟夕闻佳言。

尽醉无复辞，偃卧有芳荪。彼哉晋楚富，此道未必存。

迥：远。
朔吹：北风吹。
滋：增加。
万里赠：指赠给远方的朋友。
杳杳：遥远。
寒英：指梅花。
坐：徒然。

早梅

早梅发高树 迥映楚
天碧 朔吹飘夜香 繁霜
滋晓白。
欲为万里赠 杳杳山
水隔 寒英坐销落 何用
慰远客

早梅

早梅发高树 迥映楚
天碧 朔吹飘夜香 繁霜
滋晓白
欲为万里赠 杳杳山

古今词文

簪组：古代官吏的饰物，这里指官职。
谪：贬官流放。
榜：划船。
长歌：放声高歌。

溪居

久为簪组累，幸此南
夷谪。闲依农圃邻，偶似
山林客。
晓耕翻露草，夜榜响
溪石。来往不逢人，长歌
楚天碧。

溪居

久为簪组累，幸此南
夷谪，闲依农圃邻，偶似
山林客。
晓耕翻露草，夜榜响

溪石。来往不逢人，长歌

楚天碧。

柳宗元

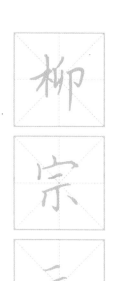

古今词文

苏轼 秦观
韩愈 陆游
王安石 柳永
柳宗元 李煜
欧阳修 李清照
陶渊明 辛弃疾
刘禹锡 温庭筠 韦庄
范仲淹 曾巩 晏殊 晏几道

小石潭记

从小丘西行百二十步，隔篁竹，闻水声，如鸣佩环，心乐之。伐竹取道，下见小潭，水尤清冽。全石以为底，近岸，卷石底以出，为坻，为屿，为嵁，为岩。青树翠蔓，蒙络摇缀，参差披拂。

石渠记

自渴西南行不能百步，得石渠。民桥其上。有泉幽幽然，其鸣乍大乍细。渠之广，或咫尺，或倍尺，其长可十许步。其流抵大石，伏出其下。逾石而往有石泓，昌蒲被之，青藓环周。又折西行，旁陷岩石下，北堕小潭。潭幅员减百尺，清深多鲦鱼。又北曲行纡余，睨若无穷，然卒入于渴。其侧皆诡石怪木，奇卉美箭，可列坐而庥焉。风摇其巅，韵动崖谷，视之既静，其听始远。

始得西山宴游记

自余为僇人，居是州，恒惴栗。其隙也，则施施而行，漫漫而游。日与其徒上高山，入深林，穷回溪，幽泉怪石，无远不到。到则披草而坐，倾壶而醉。醉则更相枕以卧，卧而梦。意有所极，梦亦同趣。觉而起，起而归；以为凡是州之山水有异态者，皆我有也，而未始知西山之怪特。

描品汇
Writing and Appreciating

湖北美术出版社
微信公众号

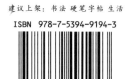

建议上架：书法 硬笔字帖 生活
ISBN 978-7-5394-9194-3
9 787539 491943 >
定价：15.00 元